Acertijos divertidos

Juegos de destreza mental

Infantil

Colección Librería

Libros de todo para todos

Acertijos divertidos

Juegos de destreza mental

Yavé Gutiérrez

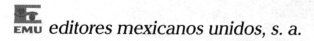
EMU editores mexicanos unidos, s. a.

EMU

D. R. © Editores Mexicanos Unidos, S. A.
Luis González Obregón 5-B, Col. Centro,
Cuauhtémoc, 06020, D. F.
Tels. 55 21 88 70 al 74
Fax: 55 12 85 16
editmusa@prodigy.net.mx
www.editmusa.com.mx

Coordinación editorial: J. Antonio García Acevedo
Diseño de portada: Víctor G. Zarco Brito
Formación: Jorge Huerta Montes

Miembro de la Cámara Nacional
de la Industria Editorial. Reg. Núm. 115.

1a edición: mayo de 2005

1a reimpresión: diciembre de 2006

ISBN 968-15-1415-7

Impreso en México
Printed in Mexico

Introducción

Los acertijos y juegos de palabras se pueden encontrar prácticamente en todas las culturas.

Los acertijos están considerados como los primeros rompecabezas (cuestiones que son muy difíciles de resolver) y se tomaron muy en serio en tiempos bíblicos. En la mitología griega hay ejemplos claros de los acertijos: Sansón tuvo que resolver algunos de ellos por cuestiones de vida o muerte. Por ahí se menciona que Homero murió al no poder solucionar uno. También se aprecia en la antigüedad el famoso enigma de la Esfinge.

Las charadas se resuelven adivinando una serie de claves que son las sílabas de la respuesta, similares a las adivinanzas.

Muchas adivinanzas están basadas en juegos de palabras. *"Agua* pasa por mi casa, *cate* de mi corazón" (el aguacate).

En las obras de Cervantes, de Quevedo y de Lope de Vega se hallan muchas adivinanzas.

Los jeroglíficos son aquellos enigmas que combinan palabras, símbolos y dibujos, y se han encontrado en cartas efesias del siglo VI a. C. En Egipto hay muchos jeroglíficos.

Los anagramas, que significan letras al revés, consisten en reordenar las letras o sílabas de una frase para formar otra; se le atribuye la paternidad al filósofo griego Licofrón.

Los acrósticos se forman tomando la primera letra de cada verso o grupo de palabras para crear otra. Los primeros cristianos usaron un pez como símbolo, pues el nombre de este animal en griego era un acróstico de Jesús, Cristo, dios hijo, Salvador.

El crucigrama se debe al inventor Arthur Wynne y se publicó por primera vez el 21 de diciembre de 1913.

En el siglo XIX, Currier e Ives imprimieron muchos rompecabezas visuales con personas, animales u objetos escondidos.

La selección temática de este libro tiene como finalidad contribuir al desarrollo.

LOS EDITORES.

¡Saludos!

Estás por internarte en un mundo mágico, maravilloso, que te trasportará a los más recónditos rincones de tu mente.

Los acertijos que a continuación se presentan están pensados para que cualquier persona los pueda resolver; sin embargo, este libro está diseñado para aquellos **niños interesados en agilizar su mente**, lo cual no les quita ese toque místico que todo acertijo debe tener.

Los acertijos se remontan muchísimos siglos atrás, incluso creo que éstos comienzan a existir desde que el hombre tiene la capacidad de hacerse preguntas sobre su entorno, sobre él mismo o sobre problemas que poseían una solución que no era fácil. Hasta en los jeroglíficos antiguos se han encontrado algunas preguntas que suelen ser tan enigmáticas que se consideran acertijos.

Un acertijo puede ser la solución de un crucigrama, una pregunta que contenga una respuesta lógica, un famoso buscapiés, que es una interrogante capciosa o cuya solución es tan trivial que no se encuentra fácilmente; incluso muchas personas consideran a las adivinanzas como un tipo clásico de acertijo.

Esperamos que esta recopilación de acertijos sea de tu agrado y llene tus perspectivas respecto a lo que un buen acertijo exige.

Yavé Gutiérrez.

DEDICADO A MI ESPOSA, HIJOS Y PADRES.

Acertijos clásicos

Iniciemos nuestra sesión con una cantidad de acertijos clásicos, por los que pasan los años y no cambian.

Este tipo de acertijos los puede resolver tu hermano o tus papás, pero está diseñado para que te entretengas pensando un ratito.

Pon mucha atención en los textos para que entiendas correctamente lo que se pide.

1. Los gallos

Los gallos siempre han sido animalitos muy traviesos; observa con atención su colocación y mueve sólo cinco de ellos, de suerte que las líneas horizontales y las diagonales sumen lo mismo.

2. Éste suena como adivinanza, pero está clasificado como acertijo clásico

Qué animal, decía mi mamá, cuando está en su más tierna edad camina en cuatro patas, cuando es joven en dos camina muy bien y cuando grande ya en tres debe caminar. Piensa bien y entenderás. Este acertijo en muchos lugares hallarás pero no en todos la respuesta encontrarás.

3. A cualquiera le pasa. Los calcetines

Cuando entras temprano a la escuela, de noche todavía es. Tu amiga guarda tus calcetines de la escuela en un cajón, en forma revuelta están los de deportes, que son blancos, junto con los del uniforme normal, que son azules. Un día en la mañana se va la luz y no puedes ver. ¿Cuántos calcetines debes sacar del cajón para que tengas un par completo, ya sea normal o de deportes?

4. De engaño

Si a tu amigo quieres engañar, pregúntale lo que a continuación escucharás. Primero debes pensar, para poder la respuesta hallar.

Dos billetes en la mano traigo: uno no es de $500.00, y sin embargo, $550.00 es lo que te puedo dar. ¿De cuánto es cada billete?

5. Los triángulos

Triángulo: Figura de tres lados.

Observa la figura y menciona cuántos triángulos ves. Cuéntalos todos.

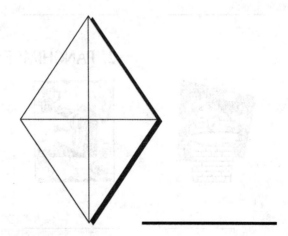

ANAGRAMAS

Palabras que se encuentran con sus sílabas revueltas.

El siguiente bloque de acertijos está diseñado para que en forma sencilla, pero de búsqueda, puedas determinar el nombre del animal seleccionado; la búsqueda se basará en anagramas y la solución la hallarás utilizando una, dos, tres o más letras de cada palabra, correspondientes siempre a las primeras letras de cada dibujo que aparecerá debajo del anagrama, o resolviéndolo, por ejemplo:

Garjatila .... Lagartija

1. JAABE

2. PANCHIMCÉ

3. CABAOLA

———   ———   ———   ———

4. TESONBI

———   ———   ———

5. BACALLO

———   ———   ———

6. (PERRO) TAMADÁL

¿Cuál es el nombre de la raza?

——————— ——————— ——————— ———————

7. OOS

——————— ——————— ———————

8. BOLO

——————— ———————

9. JONECO

10. TOGA

11. NARA

12. NADOVE

_____ _____ _____

El siguiente bloque corresponde a artículos del hogar o cualquier cosa de tu casa.

13. CINACO

_____ _____ _____

14. MACÁRERA

_____ _____ _____ _____

15. PERORO

——————— ——————— ———————

16. DORCOME

——————— ——————— ———————

17. NATAVEN

——————— ——————— ———————

18. FATUES

El siguiente bloque nos marca objetos de uso para nuestro cuerpo.

19. NEPEI

20. MEPERFU

21. BONJA

_____ _____ _____

22. MISACA

_____ _____ _____

23. CETACAL

_____ _____ _____

24. NISTE

_____ _____ _____

ACERTIJOS MATEMÁTICOS

1. Las alas

Observa el cuadro y di si las moscas que se presentan tienen 4 alas, ¿cuántas alas hay en total?

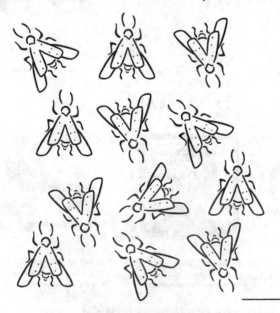

2. El laberinto indicado

Sigue las flechas y llega al final del recorrido o meta.
Observa que hay 3 caminos numerados, sigue uno a uno
e identifica cuál es el trayecto más corto; además señala
cuántos óvalos hay hasta llegar a la meta.

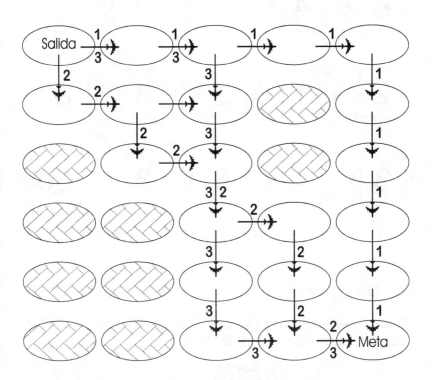

3. El faltante

Siguiendo el camino que se indica y al sumar número tras número debes obtener 60; en la casilla vacía pon el número que falta para alcanzar la suma indicada.

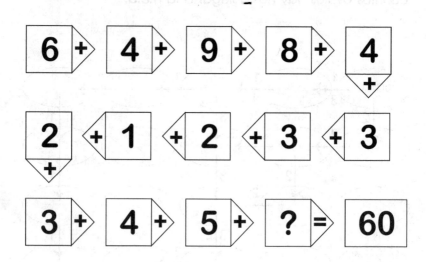

4. Qué problema

Compré en la tienda tres cajas de galletas por $150.00. ¿Cuánto costará comprar 5 cajas?

5. De gánsteres

En la época de los años veinte imperaba el desorden y los gánsteres dominaban el hampa, y los contadores de los traficantes utilizaban sumadoras con una palanquita. Cierto día uno de ellos determinó que al multiplicar por un mismo número se obtenían los siguientes resultados. A partir de estos datos determina por cuál número se multiplicó.

6. Sigue la suma

A continuación hay diferentes caminos que puedes seguir para encontrar la suma total que debe ser de 45 unidades. Determina qué camino debes tomar para obtener ese resultado. Recuerda que a cada número le sumas el anterior.

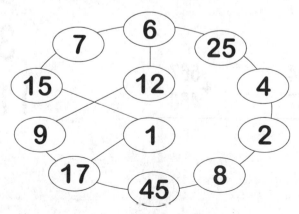

7. Relaciona

En la parte izquierda debes realizar las operaciones indicadas. Relaciona los resultados obtenidos con los de la derecha por medio de líneas de diferente color.

$$+\begin{matrix}123\\456\end{matrix}$$

$$+\begin{matrix}567\\234\end{matrix}$$

$$+\begin{matrix}780\\567\end{matrix}$$

$$+\begin{matrix}891\\567\end{matrix}$$

$$+\begin{matrix}234\\891\end{matrix}$$

$$+\begin{matrix}456\\123\end{matrix}$$

$$+\begin{matrix}234\\557\end{matrix}$$

$$+\begin{matrix}567\\456\end{matrix}$$

579

324

1347

333

111

801

393

1125

8. Une los puntos

Aplica la tabla del 3 y une los puntos que tengan los números que la integran en orden para encontrar una bonita figura.

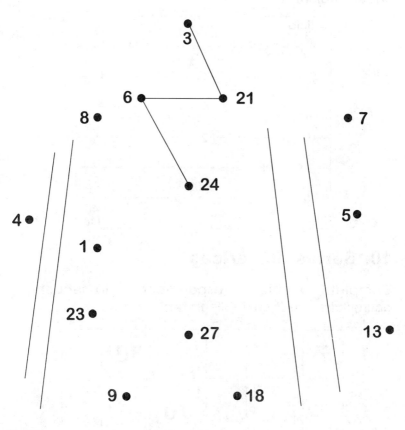

9. Cálculo mental

En el siguiente laberinto, al seguir un solo camino y sumando cada número por el que pases, debes obtener como resultado el número que está al final. Escoge sólo uno en cada renglón.

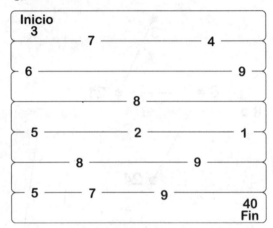

10. Series numéricas

Completa la serie correspondiente a la secuencia acumulativa de 7 en 7 y llega hasta el 168.

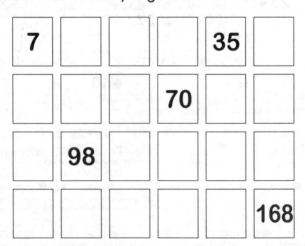

11. Revolturas

Localiza los números 1345, 2543, 3876, 4908, 5274, 6187, 7354, 8934, 9005, en la revoltura de números del cuadro.

```
13451234567891123445663456789

12345274567890123456789012389

56545678126187456789011234567

34567890987654390052345678987

56789009876543211234893412347

76567890654345678987678925438

89987354123455456765644908679

54387612345678911234456634569
```

12. El nombre de los números

Anota el nombre de los números que a continuación se presentan.

3456	
4781	
2978	
5879	

13. Busca el número

¿Entre que número, menor que 9, son divisibles todos los que están dentro del automóvil?

14. Hasta decenas de millar

Colorea los cuadros que correspondan a las unidades que representan cada clase; sigue el ejemplo.

DM	UM	C	D	U
7	6	3	5	4

DM	UM	C	D	U
6	4	3	5	2
		▨		
		▨		
		▨		

15. Completa

Escribe en los gorros vacíos los números que completen la serie numérica del 4 al 144, de 4 en 4.

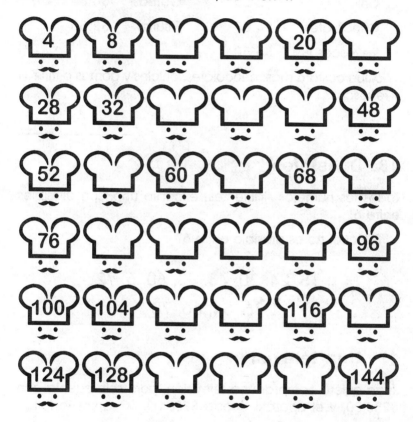

16. El telegrafista

Un telegrafista envió un total de 65 telegramas en 7 días. ¿Cuántos mandará en 28 días?

───────────

17. De compras

En una tienda compramos los siguientes productos:

Chicles $2.50   Gomas $0.50

Chocolates $4.00   Frituras $2.50

Refrescos $5.50

¿Qué costará más: chocolates, chicles y gomas o frituras y refrescos?

_____

18. Divisibles

Todos los números siguientes, excepto uno, son divisibles entre 6.

¿Di cuál no es divisible entre 6?

18, 24, 30, 43, 48, 60, 6, 72

36, 54, 66, 78

_____

19. Una televisión

Juan quiere comprar una televisión, pero sólo cuenta con $250.00, y el aparato cuesta $750.00. ¿Cuántos le falta?

_____

20. Secuencias

De las secuencias numéricas que se presentan a continuación una es incorrecta, pues no cumple con la misma especificación que las demás; subráyala.

2, 4, 6   4, 6, 8   6, 8, 10

8, 11, 12   10, 12, 14   12, 14, 16

21. Con la mente

Resuelve las operaciones en forma mental y relaciona las columnas con una línea.

$123+455=$	323
$667-234=$	1246
$345+901=$	691
$890-567=$	433
$455+236=$	769
$889-120=$	578
$567+234=$	801

22. De tiempo

Si un automóvil tarda en ir a Oaxtepec una hora y media, ¿cuántos minutos tardará en llegar?

—————————————

23. Ordenemos

Pon mucha atención y ordena los números, de modo que queden de menor a mayor.

54, 48, 68, 39, 73, 26, 81, 14, 90,

15, 95, 28, 88, 34, 74, 9, 61

___ ___ ___ ___ ___ ___ ___ ___ ___

___ ___ ___ ___ ___ ___ ___ ___ ___

24. Buena observación

Observa la ensalada de números e identifica el que no es divisible entre 3 y táchalo.

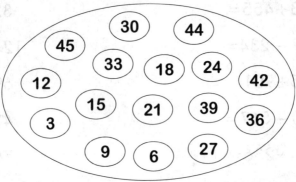

25. Diviértete coloreando

Colorea cada sección del dibujo según el número que le corresponda.

1. Rosa.   4. Amarillo.

2. Azul.   5. Blanco.

3. Negro.   6. Crema.

26. De tenis

Un tenista fue a la tienda de deportes a comprar 3 pelotas, que le costaron $34.50

¿Cuánto pagará si adquiere 9 pelotas?

_____

27. Encuentra y escribe

Con la información que se te da, identifica el número y escríbelo con letra.

a) El 15 después de sumarle 16 _____

b) Cuando al 2546 le resto 821 _____

_____

c) El número que resulta de multiplicar 923 × 12 ___

_____

28. Observa y anota

Los números siguientes son pares, sólo uno es non. Identifícalo y enciérralo en un círculo.

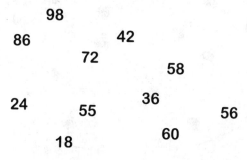

98

86   42

72

58

24   36   56

55

18   60

29. Cruzadex

Acomoda las cantidades que se encuentran a continuación y completa los cuadros.

647385   63345   6748   4823   876

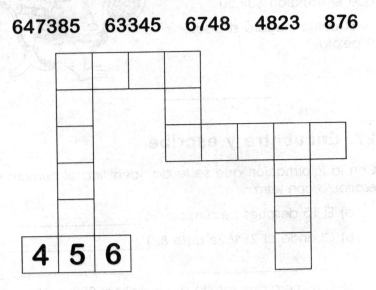

30. Separa

Traza dos líneas rectas que seccionen el óvalo, de suerte que en cada sección aparezca el mismo número de figuras.

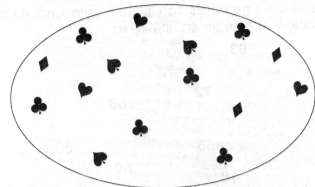

31. Figura oculta

Une los números y encuentra una figura.

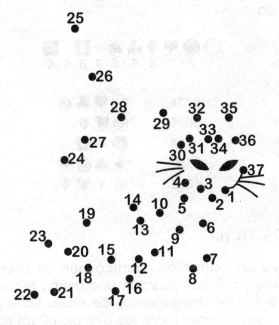

32. Completa la serie

En la siguiente serie encontrarás el número siguiente sumando los dos anteriores; por ejemplo, si los números son 3 y 5 el siguiente será el 8, que es la suma de 3 y 5.

1	2						↓

2584						←	

33. Símbolos

Descifra los símbolos que aparecen a la derecha y relaciónalos con la cifra que representan por medio de una línea.

☺ ☻ ♥ ♦ ♣ ♠ ▪ ◻ ○ ◙
1 2 3 4 5 6 7 8 9 0

5734   ☺ ♥ ♣ ♠
9023   ☻ ♥ ♦
234   ☻ ♣ ◻ ○
2589   ♦ ♠ ☻ ♥
1356   ♣ ▪ ♥ ♦

34. De ficha

Observa las fichas de dominó que se presentan a continuación. Todas guardan una misma secuencia, es decir, entre los dos números de cada ficha hay una relación similar para todas las demás. ¿Cuál es la ficha que seguiría?

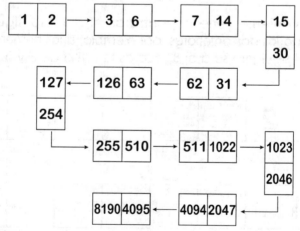

35. Cuestión de ahorro

En mi casa son tan ahorrativos que en cada habitación hay una alcancía: una en cada recámara, que son tres, otra en el comedor, otra en la cocina y otra en la sala.

Si en las recámaras se ahorraron $45.00 en cada una, en el comedor $55.00, en la cocina $30.00 y en la sala $50.00, ¿en dónde se ahorró más: en las tres recámaras juntas o reuniendo lo de las otras alcancías?

──────────────

36. Encuentra el número

Observa los números siguientes y te percatarás de que todos son divisibles entre el mismo número. ¿Podrías decir cuál?

33	**66**	**99**
153	**45**	**15**
21	**390**	**105**

37. El más corto

Para que Pedro vaya al trabajo debe encontrar el camino más corto, y éste será el que, sumando los números de los óvalos que se recorran, dé la cantidad más pequeña. Indícale cuál es la ruta correcta trazando una línea de color.

38. Cuadros de locos

Observa los cuadros que se presentan a continuación y nota los números que contienen; hay dos que tienen los mismos números, enciérralos en un círculo.

1 3 4 2	5 6 8 7	9 0 1 2	3 4 6 5
7 8 0 9	1 2 3 4	8 6 7 9	8 9 1 0
2 3 5 4	6 7 9 4	0 1 3 2	4 5 7 6

39. Observa los números

¿Cuántas veces ves el 8?

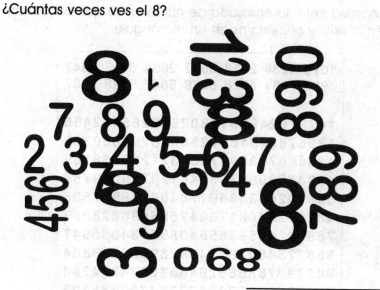

40. Con tres

Utiliza tres líneas rectas y separa en cuatro secciones la figura, de suerte que en cada una aparezcan las mismas cuatro letras.

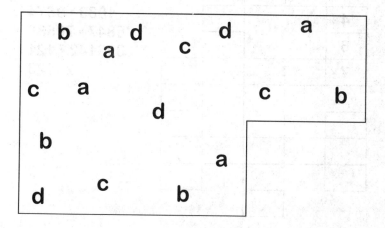

41. Ensalada de números

Localiza entre la ensalada de números los que aparezcan en la lista y enciérralos en un rectángulo.

```
1678  4234  2918  8567  2654  6123  7847
3987  7651  4826  5278  5647  8123  9087

167879246291880258926541 2455
135676829188025892629188 0258
123456789098765432123345 6789
423478900978354612378900 9783
398732653868917846817894 7595
482617846817894759569082 8847
765128645896584689873489 5647
856773489787348978956527 8884
908793788568264587287487 4784
784795690828847978478288 8123
```

42. Cruza de X numérico

Coloca los números de la derecha en donde corresponda.

1039 • 9674
75847 • 79538
890142 • 121
23123

43. Muñecos de nieve

¿Cuántos muñecos de nieve puedes ver?

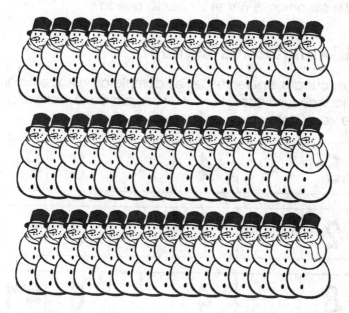

44. Los números

Observa los números que están volando dentro de la caja y contesta las preguntas, considerando que los sumaste todos.

¿Si sacamos el número 7 cuánto queda?

¿Si sacamos el 4 y el 3 cuánto queda?

¿Si sacamos el 6 y el 2 cuánto queda?

45. Apliquemos signos

En el cuadro siguiente debes completar las operaciones aplicando los signos +, −, ×, ÷, según corresponda, para que sean correctas.

5	–	4		3	= 4

2		7		3	= 6

8		4		6	= 12

10		7		6	= 9

4		4		5	= 11

9		3		3	= 18

7		3		6	= 15

NUMEROLOGÍA

Numerología significa estudio de los números, el cual está dirigido a resolver crucigramas numéricos. Pon atención y resuelve el siguiente:

1. Crucigrama numérico

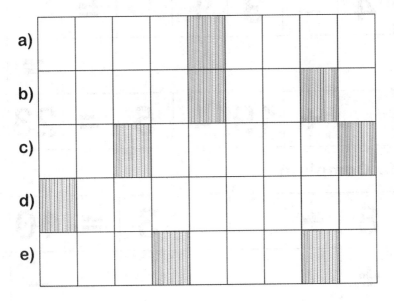

a) 512 multiplicado por 3; 1226 multiplicado por 3.

b) 4692 + 15 y el resultado × 2; 9 × 3; dígito formado de sumar 4 + 5.

c) 4 × 3; 13202 + 21365.

d) Copia el número 21456789.

e) 68 × 4; 181 × 5; pon el dígito formado por el producto de 4 × 2.

2. Completa los números que faltan

3	+		+	7	=	15
						+
4	−	3	+		=	
						=
	+	19	−	5	=	23

3. Completa

8	+		−	3	=	10
+						−
	−		+	5	=	
=						=
14	−		−	4	=	2

4. Completa

	+	10	–	5	=	25
		+				–
5	–	2	+		=	
		=				=
25	–			+	6	= 19

5. Completa

	+	5	–	1	=	10
+				+		–
5	–		+	1	=	
=				=		=
	–	6	+		=	7

ACERTIJOS ENIGMÁTICOS
CHARADAS CON NÚMEROS

Se trata de juegos en los que se deben encontrar las respuestas basándose en un código definido. Éste puede ser el que se forma al comparar los números con las letras, de suerte que a la A le toca el 1, a la B el 2, a la C el 3, etc. Recuerda que cada letra se representa con un número.

1. De pisadas

Me pisas y me pisas, despacio o aprisa, y brillo cuando me cepillas.

12, 16, 20   2

2. Que pican

Tenemos reina y tenemos obreras, cuidamos la miel y no tenemos rejas.

12, 1   3, 16, 12, 13, 5, 14, 1

3. Para tocar

Alegre te pondrán los bellos sonidos que puedes crear,
aunque chimuelo parezco estar.

5, 12   17, 9, 1, 14, 16

_____

4. Del mar

Nado y nado y no me ahogo, voy al fondo y no me canso.

5, 12   17, 5, 27

_____

5. De la cocina

Me hacen en el molcajete o en la licuadora me muelen,
con chile, agua, cebolla y jitomate.

12, 1   20, 1, 12, 20, 1

————————

6. De fiesta

Muy bien honrada es ésta, verde, blanca y colorada.

12, 1   2, 1, 14, 4, 5, 19, 1

————————

7. Del mar

Sobre el mar siempre nado, recorro el mundo y no me canso.

   5, 12   2, 1, 19, 3, 16

_____

8. De gusto

Oro no es, plata no es, alza la cortina y verás lo que es.

   5, 12   17, 12, 1, 21, 1, 14, 16

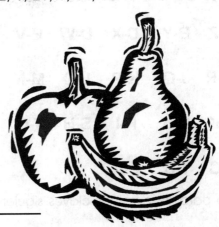

_____

9. De frutas

De tres colores soy, verde, roja y amarilla y para la salud soy una maravilla.

12, 1   13, 1, 14, 27, 1, 14, 1

———————————

CHARADAS CON LETRAS

La siguiente clave corresponde al abecedario al revés: si la a es la z, la b es la y, etc. El abecedario queda así:

A-Z   B-Y   C-X   D-W   E-V   F-U   G-T   H-S

I-R   J-Q   K-P   L-O   M-Ñ   N-N   Ñ-M   O-L

P-K   Q-J   R-I   S-H   T-G   U-F   V-E   W-D

X-C   Y-B   Z-A

Úsalo para descifrar las claves siguientes.

1. De vista

Sin hablar doy halagos y cumplidos y de las damas soy objeto muy querido.

VO VHKVQL

2. De juegos

Un solo asiento tengo, de cadenas me sostengo, poco a poco rompo el viento y con mi vaivén te divierto.

VO XLOFÑKRL

3. De animales

Salto, nado y bajo la lluvia canto.

OZ IZNZ

_____

4. De frutas

Como la bandera se ve, es roja por dentro y por fuera verde es, muchas manchas negras por dentro debe tener.

OZ HZNWRZ

_____

5. Para ver

Con ella sombras haces y si la apagas nada ves, te vas a caer de frente o al revés.

OZ OFA

6. De juegos

Éstas son las bolitas de cristal con las cuales tú sueles jugar. Pegando a otras a la meta llegarás.

OZH XZNRXZH

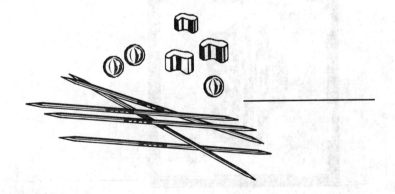

7. De atrapar

Quien no me atrapa cuando como el pan o el queso, es bien menso.

VO TZGL

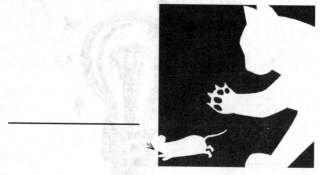

8. De espinas

Soy fruta muy espinosa además muy sabrosa, a veces soy verde y otras tantas soy roja.

OZ GFNZ

9. De frutas

Algunas veces somos amargas y otras muy acarameladas,
por temporadas somos verdes y también moradas.

OZH FEZH

10. De risa

De muchos colores es mi atuendo, entre risas al niño atiendo
y lo pongo contento.

VO KZBZHL

ACERTIJOS VARIOS

1. De viaje

Un automóvil al viajar hacia el norte choca exactamente en la frontera de México y Estados Unidos, enfrente del Río Bravo; a los muertos mexicanos los entierran en México y a los estadounidenses en Estados Unidos. ¿Dónde enterrarán a los sobrevivientes?

2. ¿Qué falta?

Observa las figuras y determina qué le falta a la de la derecha respecto a la de la izquierda; son tres cosas.

3. Cuenta

Observa los cuadros y con los números que ahí aparecen menciona cuántas veces puedes encontrar el 8 sumándolos entre ellos.

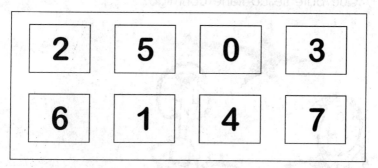

2	5	0	3
6	1	4	7

4. Diferencias

Tacha las diferencias que existen entre las dos figuras; son cinco pequeñas diferencias.

5. Revolturas

En mi familia hay una muchacha que es la sobrina de mi tío, la nieta de mi abuelo y la hermana de mi hermano.

¿Qué parentesco tiene conmigo?

6. De nombres

Obtén el nombre de un niño que es muy travieso utilizando la primera letra de cada objeto.

7. De parientes

No es mi primo ni mi hermano ni mi sobrino, hijo de mi madre es y nieto del papá de mi papá.

8. Desordenadas

Observa los cuadros con las letras revueltas, ordénalas y encontrarás los nombres de varios animales; pon su nombre debajo de cada cuadro.

N O
E V
D A

C
L L
E
A O
M

A
L
A
L
A
I D
R

9. ¿Quién?

Pon atención y acertarás. En una familia no se sabe si los nombres de sus integrantes son de mujer o de hombre; sin embargo, con las claves que se te dan puedes determinar si se refieren a hombres o mujeres y a qué integrante de la familia corresponde cada uno. Se sabe que son papá, mamá, hija e hijo.

Los nombres son Mar, Fer, Jua, Car

- A Mar y a Jua les gusta ir al cine.
- Car y Mar van a la escuela.
- Mar y Fer son del mismo sexo.
- Car va a la escuela.

10. Animagrama

Utiliza las primeras letras de cada animal y coloca el nombre en el lugar que corresponda, completando el animagrama.

Soluciones

1. Los gallos

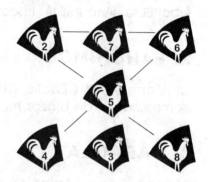

2. Éste suena como adivinanza, pero está clasificado como acertijo clásico

El hombre.

3. A cualquiera le pasa. Los calcetines

Tres calcetines, porque si sacas uno blanco y el siguiente azul, el tercero combinará siempre con cualquiera de los otros dos.

4. De engaño

Si un billete no es de $500.00, entonces lo es el otro; por lo tanto, debe ser uno de $500.00 y otro de $50.00.

5. Los triángulos

Son 8 triángulos. Cuéntalos bien y los encontrarás.

ANAGRAMAS

1. JAABE

Árbol BEso JArra ABEJA. Insecto que produce cera y miel.

2. PANCHIMCÉ

CHIMenea PAN CEbolla CHIMPANCÉ. Mono de África, domesticable, de brazos muy largos.

3. CABAOLA

BAllena CArro LAbios Olla BACALAO. Pez teleósteo comestible.

4. TESONBI

BIcicleta SONaja TEléfono BISONTE. Rumiante bóvido salvaje, parecido al toro.

5. BACALLO

CAmello BAsura LLOrar CABALLO. Mamífero cuadrúpedo domesticable, que sirve para montar.

6. PERRO TAMADÁL

DAdo Luna MAr TAza DÁLMATA. Perro distintivamente moteado, fuerte, musculoso y activo.

7. OOS

Ojo Silla Olla **OSO**. Animal salvaje que vive en el Polo Norte.

8. BOLO

LOro BOta **LOBO**. Animal carnívoro que se distingue por sus afiliados colmillos.

9. JONECO

COrazón NEne JOyas **CONEJO**. Animal pequeño que se encuentra en muchas partes del mundo, el más común es el cola de algodón.

10. TOGA

GAllo TOrtilla **GATO**. Animal con cuerpo flexible y gran habilidad al saltar por su poderosa musculatura.

11. NARA

RAqueta NAriz **RANA**. Anfibio vertebrado que surgió de un mundo acuático.

12. NADOVE

VEla NAdar DOs **VENADO**. Animal de cuerpo flexible compacto con patas largas y fuertes. Adaptadas a moverse por terrenos boscosos.

13. CINACO

COnejo CIudad NAve **COCINA**. Habitación de la casa en donde se preparan los alimentos.

14. MACÁRERA

REmar CAsa MArtillo RAdio **RECÁMARA**. Lugar que se usa para dormir.

15. PERORO

RObar PEra RObar **ROPERO**. Mueble donde se guarda la ropa.

16. DORCOME

COmida MEdir DORmir **COMEDOR**. Espacio de la casa donde uno come.

17. NATAVEN

VENado TAbla NAdar **VENTANA**. Abertura en una pared que sirve para dar luz y ventilación.

18. FATUES

EScuela TUbo FArol **ESTUFA**. Mueble metálico que sirve para calentar.

19. NEPEI

PEsos I NEgocio **PEINE**. Instrumento de cerdas que sirve para uniformar el cabello.

20. MEPERFU

PERfil FUego MEdalla **PERFUME**. Líquido con aroma agradable.

21. BONJA

JAula BOlas N JABÓN. Pasta que se utiliza para lavar.

22. MISACA

CAbeza MIrar SAco CAMISA. Prenda de vestir de tela que cubre el torso.

23. CETACAL

CALabaza CErebro TAza CALCETA. Prenda que cubre el pie y llega abajo de la rodilla.

24. NISTE

TEléfono NIeve Silla TENIS. Calzado para hacer deporte.

ACERTIJOS MATEMÁTICOS

---

1. Las alas

48 alas.

2. El laberinto indicado

No importa cuál camino elijas, siempre que no tomes diagonales tendrás que avanzar nueve óvalos para llegar al final.

3. El faltante

El 6.

4. Qué problema

Ya que 3 cajas cuestan $150.00, una sola valdrá $50.00; por lo tanto, 5 cajas costarán $250.00.

5. De gánsteres

Por el 8.

6. Sigue la suma

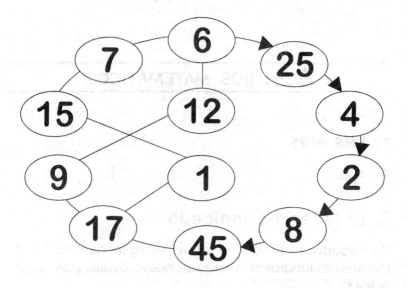

7. Relaciona

```
  123          567
+ 456        + 234
 -----        -----
  579          801
```

```
  780          891
+ 567        + 567
 -----        -----
 1347         1458
```

```
  234          456
+ 891        + 123
 -----        -----
 1125          579
```

```
  234          567
+ 557        + 456
 -----        -----
  791         1023
```

579

324

1347

333

111

801

393

1125

8. Une los puntos

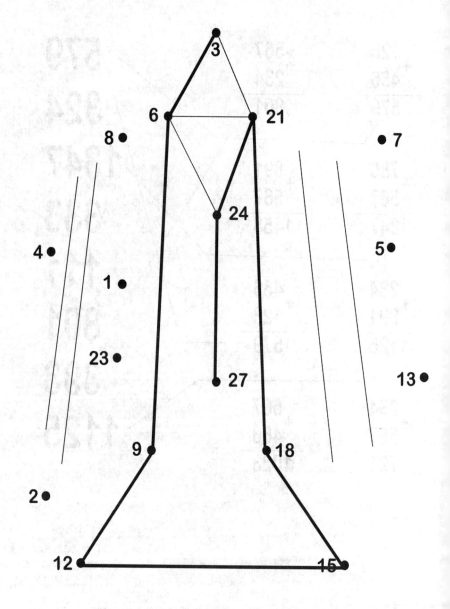

9. Cálculo mental

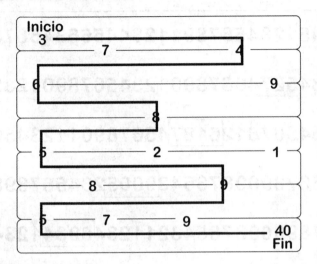

10. Series numéricas

7	14	21	28	35	42
49	56	63	70	77	84
91	98	105	112	119	126
133	140	147	154	161	168

11. Revolturas

1345 123456789112344566 3456789

1234 52745 678901234567890 12389

565456781 26187 45678901 1234567

34567890987654 39005 2345678987

567890098765432112348 8934 12347

765678906543456789876789 25438

8998 7354 123455456765644 9086 79

54 38761 23456789112344566 34569

12. El nombre de los números

3456	Tres mil cuatrocientos cincuenta y seis
4781	Cuatro mil setecientos ochenta y uno
2978	Dos mil novecientos setenta y ocho
5879	Cinco mil ochocientos setenta y nueve

13. Busca el número

El 7.

14. Hasta decenas de millar

DM	UM	C	D	U
7	6	3	5	4

DM	UM	C	D	U
6	4	3	5	2

15. Completa

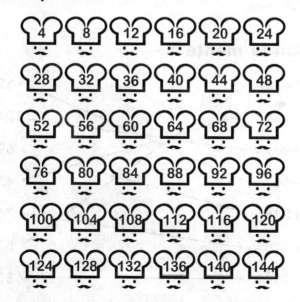

4 8 12 16 20 24
28 32 36 40 44 48
52 56 60 64 68 72
76 80 84 88 92 96
100 104 108 112 116 120
124 128 132 136 140 144

16. El telegrafista

260 telegramas.

17. De compras

Frituras y refrescos.

18. Divisibles

El 43.

19. Una televisión

$500.00.

20. Secuencias

8, 11, 12.

21. Con la mente

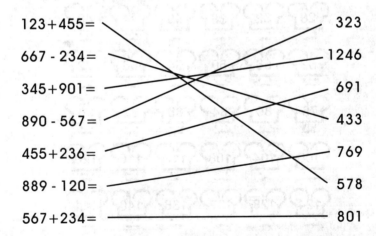

123+455=	323
667 - 234=	1246
345+901=	691
890 - 567=	433
455+236=	769
889 - 120=	578
567+234=	801

22. De tiempo

90 minutos.

23. Ordenemos

<u>9</u>   <u>14</u>   <u>15</u>   <u>26</u>   <u>28</u>   <u>34</u>   <u>39</u>   <u>48</u>

<u>54</u>   <u>61</u>   <u>68</u>   <u>73</u>   <u>74</u>   <u>81</u>   <u>88</u>   <u>90</u>   <u>95</u>

24. Buena observación

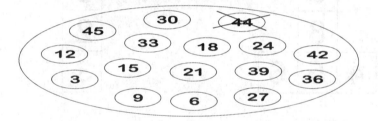

25. Diviértete coloreando

Ilumina.

26. De tenis

$103.50.

27. Encuentra y escribe

a) Treinta y uno.

b) Mil setecientos veinticinco.

c) Once mil setenta y seis.

28. Observa y anota

El 55.

29. Cruzadex

6	7	4	8				
4			7				
7			6	3	3	4	5
3						8	
8						2	
4	5	6				3	

30. Separa

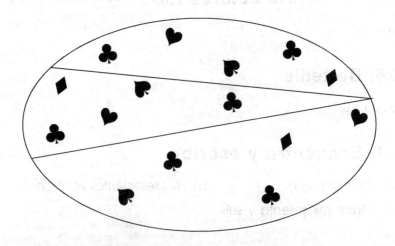

31. Figura oculta

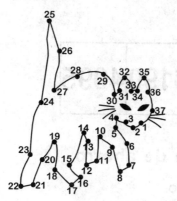

32. Completa la serie

1	2	3	5	8	13	21	34
							55
2584	1597	987	610	377	233	144	89

33. Símbolos

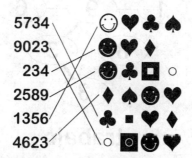

34. De fichas

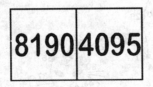

35. Cuestión de ahorro

Se ahorró lo mismo.

36. Encuentra el número

El 3.

37. El más corto

38. Cuadros de locos

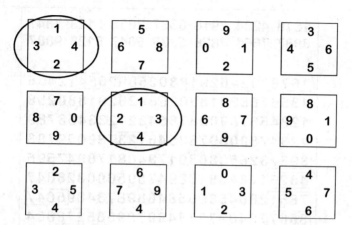

39. Observa los números

8 veces.

40. Con tres

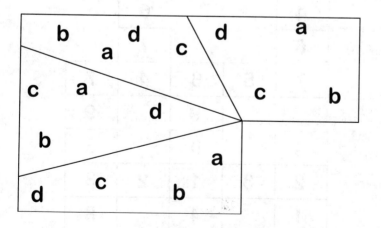

41. Ensalada de números

```
1678 4234 2918 8567 2654 6123 7847
3987 7651 4826 5278 5647 8123 9087


1678792462918802589265412455
1356768291880258926291880258
1234567890987654321233456789
4234789009783546123789009783
3987326538689178468178947595
4826178468178947595690828847
7651286458965846898734895647
8567734897873489789565278884
9087937885682645872874874784
7847956908288479784782888123
```

42. Cruza de X numérico

1	0	3	9	
4			6	
6			7	
7	5	8	4	7
		9		9
1		0		5
2	3	1	2	3
1		4		8
		2		

43. Muñecos de nieve

45.

44. Los números

21, 21, 20.

45. Apliquemos signos

5	–	4	+	3	= 4
2	+	7	–	3	= 6
8	÷	4	×	6	= 12
10	–	7	+	6	= 9
4	×	4	–	5	= 11
9	–	3	×	3	= 18
7	×	3	–	6	= 15

NUMEROLOGÍA

1. Crucigrama numérico

a)	1	5	3	6	■	3	6	7	8
b)	9	4	1	4	■	2	7	■	9
c)	1	2	■	3	4	5	6	7	■
d)	■	2	1	4	5	6	7	8	9
e)	2	7	2	■	9	0	5	■	8

2. Completa los números que faltan

3	+	5	+	7	=	15
						+
4	–	3	+	7	=	8
						=
9	+	19	–	5	=	23

3. Completa

8	+	5	–	3	=	10
+						–
6	–	3	+	5	=	8
=						=
14	–	8	–	4	=	2

4. Completa

20	+	10	–	5	=	25
		+				–
5	–	2	+	3	=	6
		=				=
25	–	12	+	6	=	19

5. Completa

6	+	5	–	1	=	10
+				+		–
5	–	3	+	1	=	3
=				=		=
11	–	6	+	2	=	7

ACERTIJOS ENIGMÁTICOS
CHARADAS CON NÚMEROS

1. De pisadas

Los zapatos.

2. Que pican

La colmena.

3. Para tocar

El piano.

4. Del mar

El pez.

5. De la cocina

La salsa.

6. De fiesta

La bandera.

7. Del mar

El barco.

8. De gusto

El plátano.

9. De frutas

La manzana.

Charadas con letras

1. De vista

El espejo.

2. De juegos

El columpio.

3. De Animales

La rana.

4. De frutas

La sandía.

5. Para ver

La luz.

6. De juegos

Las canicas.

7. De atrapar

El gato.

8. De espinas

La tuna.

9. De frutas

Las uvas.

10. De risa

El payaso.

ACERTIJOS VARIOS

1. De viaje

Los sobrevivientes no se entierran.

2. ¿Qué falta?

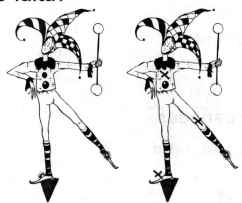

3. Cuenta

9 veces:

2			3		0 2	0	0 3	0
5	2	5	1	1	5	5	4	7
1	6	3	4	7	1	3	1	1
8	8	8	8	8	8	8	8	8

4. Diferencias

5. Revolturas

Es mi hermana.

6. De nombres

Pelota Araña Casa Oro.
PACO.

7. De parientes

Soy yo.

8. Desordenadas

Venado Camello Ardilla.

9. ¿Quién?

Mar es el hijo y Fer es el papá.
Car es la hija y Jua es la mamá.

10. Animagrama

Con este animagrama terminamos este pequeño libro de acertijos. Esperamos que tu diversión sea grande.

Recuerda que el hombre debe pensar. Si nos eximimos de la posibilidad de desarrollar nuestra capacidad de pensar caeremos en el aburrimiento, que es lo peor que puede pasarnos.

Trata de desarrollar siempre, al máximo, tus cualidades intelectuales.

BIBLIOGRAFÍA

El libro maravilloso, JVR.

Juegos mentales, de Antonio Lamar, Selector.

Acertijos clásicos, de Barry, Selector.

Acertijos enigmáticos, de Malley Grellet, Selector.

Juegos matemáticos, Gatica Gómez Hermanos.

Cábala, revista.

Índice

Colección Librería Serie Infantil

Carcajadas para niños
Isabel Iturbide

Chistes, magia y juegos
Blanca Olivas

Divertidas adivinanzas para niños
Marcela Ibáñez

Divertidas fábulas para niños
Selección de Blanca Olivas

Divertidos chistes para niños
José Sánchez

Experimentos científicos divertidos
Marcela Enríquez

Juega y aprende
Blanca Olivas

Juegos y manualidades para niños de 6 a 9 años
Ana Vélez

Colección Librería Serie Infantil

Juegos y pasatiempos para primaria
Liliana Marín

Manualidades con objetos desechables
Teresa Valenzuela

Divertidas fábulas para niños
Blanca Olivas

Todo para entretenerte
Isabel Iturbide

Tradiciones mexicanas para niños
Miguel Ortega

La sirenita y otros cuentos clásicos

La mejor colección de adivinanzas

Editores Impresores
Fernandez S.A. de C.V.
Retorno 7D Sur 20 # 23
Col. Agricola Oriental